नया हौसला
चिड़ियां माँ का

अरुण कुमार जैन

Copyright © Arun Kumar Jain
All Rights Reserved.

This book has been published with all efforts taken to make the material error-free after the consent of the author. However, the author and the publisher do not assume and hereby disclaim any liability to any party for any loss, damage, or disruption caused by errors or omissions, whether such errors or omissions result from negligence, accident, or any other cause.

While every effort has been made to avoid any mistake or omission, this publication is being sold on the condition and understanding that neither the author nor the publishers or printers would be liable in any manner to any person by reason of any mistake or omission in this publication or for any action taken or omitted to be taken or advice rendered or accepted on the basis of this work. For any defect in printing or binding the publishers will be liable only to replace the defective copy by another copy of this work then available.

माता अमृता नंद मयी देवी, अम्मा ' जो अखिल विश्व की माँ हैं व विश्व वंदनीय जैन आचार्य श्री विद्या सागर जी महाराज जिनके नयनों से निरझरित ममतामृत प्राणी मात्र को सम्बल देता है, को यह कृति श्रद्धा सहित समर्पित है.

क्रम-सूची

भूमिका	vii
आमुख	xi
1. चोरी का फल	1
2. बन्दर ताण्डव	2
3. बिल्ली आयी	3
4. चूहे,बिल्ली,कुत्ते	4
5. जंगल उत्सव	5
6. जंगल होली	6
7. मछली और परी सी...	7
8. निर्मल नदी	8
9. कमल -कष्टों में हम भी मुस्कायें	9
10. छाया, फल देते	10
11. प्यारी धरती	11
12. भीतर से मीठे...	12
13. उठना सीखें	13
14. हमें सिखा दो	14
15. प्यारे बच्चे	15
16. मुर्गा	16
17. सुख दे सबको....फूल	17
18. साईकिल	18
19. मेरी टीचर	19
20. कोई छुट्टी नहीं लेता	20
21. प्यारा पेन	21
22. प्राण वायु	22

• v •

क्रम-सूची

23. पूरी मस्ती	23
24. नया हौसला चिड़ियां माँ का	24
25. रखी मिठाई	27
26. सबकी आँखों का तारा हूँ	28
27. शिमला यात्रा	32
28. वायुयान	33
29. पौधे भी संग...	34
30. दाने सारे खाते...	35
31. वृन्दावन भिजवा दो	36
32. तृप्ति, शांति	37
33. प्यारी गैया	38
34. मस्ती हँसी खुशी	39
35. झूले से तौबा	40

भूमिका

कल-कल बहते निर्झर की तरह निर्मल है अरुण कुमार जैन की कविताएँ

भारत में बालसाहित्य लेखन की एक समृद्ध व प्राचीन परंपरा रही है। कहा जाता है कि बालमन को समझना सबसे कठिन काम है और बालकों की रुचि के अनुसार लिखना और भी कठिन है। बालसाहित्य लिखते समय रचनाकार को बालक बन जाना पड़ता है या यूं कहें कि रचनाकार को अपनी आयु, अनुभवों और शिल्प की चैतन्यता से इतर बालमनोविज्ञान को समझते हुए बाल सुलभ क्रियाओं, भावनाओं और स्वाभाविक बालमन की सोच के स्तर पर जाकर लिखना पड़ता है। बालक का मन बड़ा कोमल और कल्पनाशील होता है। उसे ऐसी कविताएँ, कहानियाँ पसंद आती है जो उसकी कल्पना को ऊंची उड़ान दे। कहानी और कविताएँ आज भी बच्चों को बहुत पसंद हैं।लेखन अगर कविता के रूप में हों तो बच्चे उसे बहुत ज्यादा पसंद करते हैं। गीत-कविता के माध्यम से बच्चों को बहुत कुछ सिखाया भी जा सकता है। अपने आस-पास बच्चे कितनी ही चीजों को देखते हैं। उन्हें वे जानते भी हैं। उन्ही चीजों - शरीर-स्वास्थ्य, ज्ञान-विज्ञान, प्रकृति, जंगल, पशु-पक्षी, जीव-जंतु, रिश्ते, ब्रह्मांड, तीज-त्यौहार, पर्व, तीर्थ, सेवा, संस्कार आदि को ललितपुर/भोपाल निवासी रचनाकार श्री अरुण कुमार जैन ने अपने इस बाल कविता संग्रह "नया हौसला चिड़िया माँ का..." में प्रस्तुत किया है। इन कविताओं में सकारात्मकता के साथ बालकों को दिशा, प्रेरणा, संस्कार, मनोरंजन देते हुए उन्हें जीवन जीने व प्रगति के पथ पर आगे बढ़ने की राह दिखाने की कोशिश की गई है। श्री अरुण जैन के इससे पहले "लोरी ठिठोली" (बाल कविता संग्रह) एवं " राजा बेटा" (बाल उपन्यास) मैं पढ़ चुका हूं।इस आधार पर कह सकता हूँ कि रचनाकार बाल मनोविज्ञान की समझ रखते हैं और बाल साहित्य सृजन के मर्म को समझने का प्रयास करते दिखाई देते हैं। बाल कहानी, कविता और उपन्यास विधाओं में आप अनवरत सृजनरत है। आपकी रचनाएँ देश की प्रतिष्ठित पत्र-पत्रिकाओं में नियमित प्रकाशित होती है।

'नया हौसला चिड़िया माँ का...' संग्रह की कविता 'छाया फल देते पेड़' बालमन में पर्यावरण संरक्षण के प्रति जागरूकता भरती है तो 'चोरी का फल' सन्देश देती है कि 'बुरे काम का बुरा नतीजा' हर अपराधी को भोगना होता है। अगर स्वस्थ जीवन जीना है तो प्रकृति से दोस्ती करनी पड़ेगी, यह सुंदर सीख देती कविताएँ है-'प्राण वायु' और 'पौधे भी संग'। 'दाने सारे खाते', 'प्यारी गैया' 'मुर्गा' बालमन में पशु-पक्षियों के प्रति अनुराग के भाव जगाती हैं। वहीं 'वृंदावन भिजवा दें', 'भजन साथ में' 'तृप्ति-शांति' जैसी कविताएँ बच्चों को तीर्थ, धर्म, अध्यात्म, सेवा जैसी परंपराओं से भी जोड़ने का प्रयास करती हैं। बच्चों के मनोरंजन को ध्यान में रखकर लिखी कविता 'मस्ती हंसी खुशी', 'झूले से तौबा', 'बंदर का तांडव' और 'शिमला यात्रा' बच्चों में कौतूहल जगाती है तो पर्यावरण संरक्षण के प्रति जागरूकता का सन्देश देती सुंदर कविता है- 'छाया, फल देते पेड़'। 'प्यारा पेन', 'साइकिल' एवं 'वायुयान' शीर्षक कविताएँ उनके महत्वपूर्ण कार्यों के बारे में जानकारी देने के साथ ही उत्तम प्रेरणा भी देती है। 'मेरी टीचर' रिश्तों के सम्मान की महत्वपूर्ण कविता है। 'सबकी आंखों का तारा' एवं 'नया हौसला चिड़िया माँ का' इस संग्रह की बेहतरीन कविताएँ हैं, जिनमें बाल सुलभ भावनाओं, अठखेलियों, जिज्ञासाओं का सुंदर चित्रण करते हुए जीवन में श्रम, संघर्ष, समर्पण से सफलता के साथ ही प्यार, ममता, संवेदना का बखूबी सुंदर चित्रण किया गया है।

श्री अरुण कुमार जैन विषय आधारित रचना लिखने की बजाय विषय के अनुभव की कलात्मक अभिव्यक्ति अपनी कविताओं में करते है। यह भी अच्छी बात है कि उनकी कविताओं में सीधे-सीधे उपदेश थोपे नहीं गए हैं बल्कि बाल पाठकों के समक्ष स्वयं इनमें से दिशा, प्रेरणा, संस्कार, सीख समझ कर जीवन में उतारने का विकल्प प्रस्तुत किया है। कविताएँ केवल पठनीय ही नहीं बोधगम्य भी हैं जिनमें परम्परा, प्रगति और वैविध्य का समन्वय है जो बालमन की सूक्ष्म संवेदनाओं के साथ संवाद स्थापित करती है। निःसन्देह इस 'नया हौसला चिड़िया माँ का' संग्रह की कविताएँ भविष्य में आनेवाली और सधिक सशक्त कविताओं के प्रति पूरी तरह आश्वस्त करती है। रचनाकार की कविताओं के कलापक्ष की बजाय भावपक्ष

भूमिका

को प्रमुखता दी जाए तो श्री अरुण कुमार जैन की ये कविताएं बच्चों व किशोरों के लिए भावानुकूल होने के साथ बालसाहित्य के क्षेत्र में अनूठा कदम है। बालकों के व्यक्तित्व विकास में सहायक, समयानुकूल, प्रभावी संदेशपरक कविताएँ बाल साहित्य के संवर्धन में उपयोगी साबित होगी।इस सुंदर बालकाव्य कृति 'नया हौसला चिड़िया माँ का' के लिए श्री अरुण जी को हार्दिक बधाई देते हुए मंगलकामना करता हूँ कि इस कृति की कविताओं को बच्चों के साथ वयस्कों का भी भरपूर अपनापन मिलेगा और बालसाहित्य जगत में भी इस कृति को भरपूर सम्मान प्राप्त होगा।

◆ राजकुमार जैन राजन
लेखक/सम्पादक/प्रकाशक

चित्रा प्रकाशन
आकोला -312205 (चित्तौड़गढ़) राजस्थान
मोबाइल : 9828219919
ईमेल - rajkumarjainrajan@gmail.com

आमुख

प्यारे बच्चो,

राजा बेटा, लोरी ठिठोली, Raja Beta(English edition)के बाद, नया हौसला, चिड़िया माँ का की प्यारी प्रेरक कविताओं के साथ एक बार फिर आपसे बातें कर रहा हूँ. इस बीच राजा बेटा व लोरी ठिठोली का एक एक संस्करण नोशन प्रेस, एक्सप्रेस पब्लिशिंग चेन्नई के माध्यम से आपके समक्ष आया. ये सभी आप सभी को प्रेरक व रुचिकर लगीं. ये कृतियाँ मन में आशा, विश्वास लाकर आप सभी को सफलता के पथ पर गतिमान करने का सन्देश देती हैं. रचनाओं की यही सामर्थ्य हम सभी को प्रसन्न करती हैं.

यह कृति आपको सौंपते हुए मन आंनद से भरा है. इसमें ढेर सारी छोटी छोटी कविताओं के माध्यम से आपको आगे बढ़ने का सन्देश मिलेगा. चिड़िया माँ की कविता आपको बहुत पसंद आएगी व आपको माँ के प्रेम, नेह, ममता , समर्पण व सेवा से एकाकार कराएगी. आप सभी को भी अपनी माँ व परिवार से इसी तरह प्रेम व सेवा के भाव रखना व करना है.मेरी इन रचनाओं के माध्यम से आप सभी के अनुरागी व लाडले बनें यही मेरी अभिलाषा है.

इसकी भूमिका राजस्थान, अकोला निवासी, बाल साहित्य के प्रतिष्ठित हस्ताक्षर श्री राज कुमार जैन राजन आकोला ने लिखी है. आभार व साधुवाद श्री राजन जी का. बच्चो को असीम प्यार करने वाले स्वामी निजामृता नंद जी पुरी, प्रमुख अमृता हॉस्पिटल फ़रीदाबाद, मेरे प्रेरणा स्रोत, माता अमृता नंद मयी देवी अम्मा के प्रमुख अनुयायी, श्री सत्यनंद जी मिश्रा आईएएस, सेवा निवृत, पूर्व मुख्य सूचना आयुक्त, भारत सरकार के प्रति कृतज्ञता ज्ञापन सतत प्रेरणा व मार्गदर्शन हेतु ।

अरुण कुमार जैन

अक्षय तृतीया,2022

1. चोरी का फल

बन्दर जी को मिली साईकिल, चोरी करके लाया,
पैडल मारे, गया सड़क पर, उसको तेज चलाया।
चौराहे पर लाल था सिग्नल, बंदर कर गये पार,
ट्रैफिक पुलिस ने पकड़ा उसको, डंडे मारे चार।
लाइसेंस पेपर दिखलाओ कड़के थानेदार,
गये जेल में बंदर मामा, चोरी का फल यार।।

2. बन्दर ताण्डव

बॉलकनी से बंदर मामा,घुसकर घर में आया,
और किचिन में आकर,फल की डलिया को हथियाया।
केले और संतरों पर भी उसने हाथ चलाया,
एप्पल और शरीफे फैक,तांडव खूब मचाया।
तभी खुला घर का दरवाजा,मम्मी अंदर आयी,
घर की हालत देख, जोर से माँ मेरी चिल्लाई।
बंदर दौड़ा छोड़ के सब कुछ, बॉलकनी से भागा
डंडा ले पापा भी आये,तब तक फल थे स्वाहा ।।

3. बिल्ली आयी

बिल्ली आयी छत से घर में,किचिन में घुस आयी,
दूध पतीली देखी ज्यों ही,मस्ती मन में छाई,।
देखा चौकन्ना होकर के,दूध पिया फिर सारा,
कुछ फैलाया पेट भरा जब,और झपट्टा मारा।
ताव दिया मूछों पर अपनी,आँखें चमकी प्यारी,
दौड़ी छत पर भाग गयी,पी दूध हमारा न्यारी।।

4. चूहे, बिल्ली, कुत्ते

चूहों ने बिल्ली को देखा, डरकर जल्दी भागे,
दौड़ी बिल्ली पीछे उनके, घबराये वे सारे,।
तभी दौड़कर कुत्ता आया, अब बिल्ली चकराई,
भागी घर के अन्दर झट से, चूहों ने जान बचाई।
डंडा लेकर रामू आया, कुत्ते को दे मारा,
भागा कुत्ता घर के बाहर बिल्ली ने सुख पाया।।

5. जंगल उत्सव

जंगल में ऊकताया शेर,मौल,क्लब व म्यूजिक ढेर
डिस्कोलाईट,व चौड़ी सड़के,कार,बाईक व टिन पर चढ़ते।
हाथी,बाघ,सभी बुलबाये,बंदर,हिरन सभी संग आये,
जुगनूं,उल्लू,मोर वहां थे,कोयल,गौरेया भी संग थे।
कोयल गाये ,मोर नचाये,जुगनू,लाईट ढ़ेर फैलाए,
बंदर,गद्हा भी चिल्लाये,डिस्को डांस आंनद मनाएं।

6. जंगल होली

होली का आया त्यौहार,जंगल में मंगल है यार,
फूलों से रंग है बनवाया,पत्तों से श्रृंगार कराया।
कीचड़ दलदल में है मस्ती,रेत गुलाल बनी है सस्ती,
गर्दभ राग व नाचे बंदर,भालू,लोमडी कूदे अंदर।
भांग घुटी बन गई ठंडाई,गाय दूध से खीर बनाई,
नाचे कूदे सब मिल यार,ऐसा होली का त्यौहार।

7. मछली और परी सी...

चमकीली, दमकीली प्यारी, सदा चमकती कितनी न्यारी,
जल ही जीवन, जल ही धारा, नदिया, सागर मिला किनारा,
हाथों से तो, फिसल ये जाती, जल के अन्दर जान समाती,
नन्ही भी है बहुत बड़ी भी, दैत्य सरीखी और परी सी,
नदिया, सागर में लहराती, मछली सबके मन को भाती।।

८. निर्मल नदी

पत्थर, कंकड़ या पथ निर्जऩ,जंगल घाटी या हो दुर्गम,
टेड़ी मेड़ी पतली, चौड़ी,अनजानों से पथ भी दौड़ी।
शीतल, सबकी प्यास बुझाती,नदियां, सरिता यह कहलाती,
बन शीतल हम तृप्ति दिलायें,इनसे निर्मल हम बन जाएं।।

9. कमल -कष्टों में हम भी मुस्कायें

कीचड़ में मुस्काता रहता,हँसता और हँसाता रहता,
लक्ष्मी देवी सदा चाहती,भौंरों को ये भाता रहता।
कष्टों में हम भी मुस्काएं,सबको सुख आनंद दिलाएं
कमल सरीखे सहनशील बन,सबके प्यारे हम बन जाएँ।।

10. छाया, फल देते

आँधी, वर्षा, गर्मी, पानी, कड़ी सर्दी या ऋतु सुहानी,
बंजर, मृदु या गीली माटी, पर्वत नदियाँ गहरी घाटी ।
सभी जगह छाया, फल देते, प्राण वायु संरक्षण देते,
हम भी सीख, सेवा कर पायें, पेड़ों से हम भी बन पायें।

11. प्यारी धरती

बहुत बुरी बदबू देता है,कीड़े, मक्खी संग रखता है
बीमारी का बोनस भी है,मच्छर जी की फौज भरी है।
गढ़्ढे में जो इसे डाल दें,मिट्टी ढककर कुछ दिन रख दें।
पौधों में पोषण यह नित दे,सुन्दर फूल,अन्न भी संग दे
न बदबू न मक्खी मच्छर,बीमारी है दूर बहुत सब,
कचरों को ढंग से निपटायें,प्यारी, धरती को बनवाये।

12. भीतर से मीठे...

बाहर से डंडा सा दिखता,किसी को मारो रोने लगता,
भीतर मीठा, और नरम है,स्वाद की प्यारी सी सरगम है ,
पूरे बरस खेत में रहता,आँधी,वर्षा,तूफान सहता
इससे शक्कड़,इससे बूरा,खाँड़,मिठाई भी दे पूरा
हम भी इससे कुछ गुण पाएं,भीतर से मीठे बन जाए।।

13. उठना सीखें

घर, दफ्तर, या फिर दुकान में, हरेक नगर में हरेक ग्राम में,
जंगल, घाटी, नदी किनारे, पेड़ों पर या फिर मकान में।
प्यारा, न्यारा जाल बनाती, बिना यंत्र के उसे सजाती,
और शिकार को वहाँ फँसाती, उससे अपनी क्षुधा मिटाती।
कोई तोड़ दे या धक्का दे, फिर से उठकर तुम लग जाती,
फिर इक न्यारा जाल बनाती, सतत काम करती ही जाती।
फेंका ऊँचे घर से तुमको, नीचे उसी जाल से जाती,
गिरकर उठती, फिर लग जाती, जहाँ जगह हो वहाँ समाती,
जाल बनाती और सिखाती, सदा काम हमको करना है,
प्यारा न्यारा ही रचना है
हम भी गिरकर उठना सीखें, सदा काम पर लगना सीखें।

14. हमें सिखा दो

जंगल,घाटी,पर्वत पत्थर,वहाँ बसे हो प्यारे निर्झर,
शीतल,सुंदर,मोटी पतली,धार सुहानी सुंदर लगती,
पत्थर पर नित प्रति गिरते हो,मुस्काते फिर भी रहते हो,
धुंध बनाते,साज सजाते,इन्द्रधनुष सौंदर्य दिखाते,
सबको लगते कितने प्यारे,दूर दूर से आते सारे,
साथ नहाते मस्ती करते,नौकायन का भी सुख लेते।
आँखों को प्यारे लगते हो,मन में तृप्ति शांति देते हो
गिरकर भी नितप्रति गाते हो,प्यारी सरगम बन जाते हो।
हमें सिखा दो गतिमय रहना,गिरकर प्रतिपल बढ़ते रहना,
मुस्काना,नित गीत सुनाना, अर सबके प्यारे बन जाना।।

15. प्यारे बच्चे

नन्हें मुन्ने प्यारे हैं,मेरे राज दुलारे हैं
हँसते,मिलकर आते है,सबको रोज हँसाते हैं
बातों व मुस्कानों से, नयी ऊर्जा लाते हैं
पढ़ने भी ये जाते हैं,मीठे गीत सुनाते हैं
सड़क,पार्क या यहाँ,वहाँ,मिलकर शोर मचाते हैं
प्रभू मंदिर में जाते हैं,श्रद्धा भाव दिखाते हैं
दादी,दादू,प्यारे ये मेरे,अददु-मददू कहलाते हैं
मम्मी पापा प्राण से प्यारे,घर के राज दुलारे हैं।

16. मुर्गा

सुबह रोज जगाता है, दिन निकला बतलाता है
कूक्डू कूँ ये कहता है,कलगींी धारण करता है।
कूड़ा कचरा खाता है,सरपट दौड लगाता है
बच्चों को ये भाता है,मुर्गा यह कहलाता है।

17. सुख दे सबको....फूल

गंदी सी मिट्टी में आया,एक फूल का प्यारा पौधा
काँटे भी हैं,कलियाँ आयीं,मुस्काया सुंदर एक न्यारा।
फूल सुशोभित,प्यारा,न्यारा,आसमान का तारा प्यारा।
उसकी खुशबू से आनंदित, घर की बगियां, बच्चे प्यारे,
मम्मी,पापा,दीदी,भैया लगे सभी को सबसे न्यारे।
भंवरे आये,तितली आयी,मधु मक्खी भी पड़ी दिखायी,
सभी बैठते उसके ऊपर ले पराग झट दौड़ लगायी।।
मुस्काता,खुशबू भी देता,नहीं किसी से यह लड़ता है
तेज धूप बारिश ठंडी का,स्वागत यह नन्हा करता है
सौंदर्य खुशबू देकर के,सबके मन आनंद भरता है।
और एक दिन तोड़ इसे प्रभु के चरणों में पहुँचाया
उनकी पावन रज पाकर यह, धन्य हुआ, मन में मुस्काया।
जन्म सफल है मेरा प्रभुवर चाह थी पद रज पाँऊ!
उस टहनी के एक फूल ने, शव के ऊपर आश्रय पाया
अपनी श्रद्धा अर्पित करके श्रद्धा बना,समर्पण पाया।
चिर शांति हो इस जीवन में,यही भाव मन उसके आया।
और एक गिर गया गली में,जूते के नीचे एक आया।
प्राण पखेरू उड़े,किंतु खुंशबू को उसने फैलाया,
हर स्थिति में सबको देना,इन फूलों ने हमें सिखाया,
प्रेम,समर्पण,नेह,प्रेम समता,ममता का पाठ पढ़ाया
आओ सीखें हम भी इनसे प्रेम,नेह,सुरभि फैलायें
सब अर्पित कर सुख दें सबको,सबसे प्यारे हम बन जायें।

18. साईकिल

छोटी बड़ी, दो पहियों वाली,कितनी प्यारी लगती है,
घर से चली,पार्क में सीखी,यह मतवाली लगती है
इस पर चढकर जाते है,पैडल खूब दबाते हैं
चैन चले,यह दौड़ा करती,हम आगे तक जाते है,
ब्रेक लगे रूक जाती है,स्टेंण्ड पर टिक जाती है
और वैरियर पर छोटू को,भी संग में ले जाती है
बच्चे से दादू तक चाहें साईकिल यही कहाती है।

19. मेरी टीचर

हमको नित्य पढ़ाती है,अच्छी बात बताती है,
कैसे खाना,पढ़ना है,लिखना भी बतलाती हैं,
हिंदी,गणित व इग्लिस भी मैडम हमें पढ़ाती है
संयम,धैर्य सिखाती है,आत्मविश्वास जगाती है,
सब करते आदर जिनका,वह मेरी टीचर कहलाती है।।

20. कोई छुट्टी नहीं लेता

सुबह लाल ठंडा सा है,पूर्व दिशा से आता है,
दोपहर आते आते यह ,भट्टी सा बन जाता है,
लू,गर्मी,बदहाली ला,ढेर पसीना लाता है,
और शाम आते आते,ठंडा सा हो जाता है।
कितना बदलू राम या पागल,सूरज यह कहलाता है
फिर भी जग को भाता है,रोज सबेरे आता है,
छुट्टी कोई नहीं लेता,बस चलना, बढ़ना सिखलाता है।

21. प्यारा पेन

कितना किसको आता है,यह सब कुछ बतलाता है,
कागज पर लिखता जाता,सारा ज्ञान कराता है,
थोड़ी स्याही, निब या टिप से गाथाएं लिखा जाता है,
सरे जग को बहुत जरूरी,प्यारा पेन कहाता है।
बच्चे से दादू की पॉकिट में,यह शोभा पाता है,
हमको अच्छा लगता है,सदा पास में रहता है,
इससे ज्ञान,मान सीखें,गतिमान रहना सीखें।।

22. प्राण वायु

शीतल ठंडी लगती है,तपन देह की हरती है,
पेड़ों संग सुख देती है,जीवन की अनुपम निधि है
इससे जग का जीवन है,थमी जहाँ, तो क्रंदन है,
हरेक देह में जाती है,नई चेतना लाती है
गहरी,उथली,भारी साँसें ये ही हमें दिलाती है
हम भी सुख व जीवन दें,प्राणवायु से यह सीखें।

23. पूरी मस्ती

झूला कितना प्यारा है,सबसे लगता न्यारा है,
हमको बैठ झुलाता है,ऊँचे तक ले जाता है,
ऊपर ,नीचे फिर ऊपर,बार - बार करवाता है।
हवा भी शीतल लगती है,पूरी मस्ती रहती है
दीदी,भैया आते हैं,लाईन में लग जाते हैं
अंकल,आण्टी भी आकर हमको,खूब झुलाते हैं।
हम भी सबको संग लायें,खुशियाँ मस्ती फैलाएं।

24. नया हौसला चिड़ियां माँ का

मेरे घर में इक चिड़ियां ने, प्यारा सा इक नीड़ बनाया,
एक-एक तिनका लाकर के,रात-रात दिन उसे सजाया।
कभी भगाया माँ,दादी ने, कभी भाई ने उसे हटाया,
न हारी वह,लगी रही नित,पूरा करके ही दिखलाया,।
और एक दिन प्यारे अंडे, हमने देखे,आये उसमें,
गर्भवती थी चिड़िया माँ वह,कोई रेस्ट न उसने पाया।।
बैठी रहती उनके ऊपर,सुबह शाम या रात घनी हो,
ममता,लाड़ प्रेम का सागर, मानों उसके दिल में आया।।
मेरे घर में इक चिड़ियां ने, प्यारा सा इक नीड़ बनाया,

जब कोई जाता,उड़ जाती ,फिर आ जाती उनके ऊपर,
बादल, बिजली,वर्षा,पानी,धूप छाँव को हँसके सहकर,
जाती चुगती,पानी पीती,फिर आ जाती अपने घर में,
सीमा पर सैनिक सी करती, वह रखवाली इन अंडों की।
आधी रात वहीं बैठी है, शाम सवेरे भी रहती है,
मस्ती,दंगा,हल्ला,गुल्ला,आसमान सुख सभी भुलाया।।
मेरे घर में इक चिड़ियां ने, प्यारा सा इक नीड़ बनाया,
इक दिन चूँ चूँ के स्वर आये,अंडे फूटे बच्चे आये,
कोमल काया,बंद सी आँखें,चूँ चूँ करते हँसते रोते।
अब वह उड़ती,और खोजती, दाना लाती अपने मुँह में,
चोंच से अपनी उनके मुंह में ,बडे जतन से साथ डालती,
खाने लगे सभी तो देखो, चूँ चूँ करते खाते जाते,।
बड़े प्यार से उन्हें खिलाती,फिर मुस्काती,मुंह मटकाती।
चोंच लड़ाते, प्यार जताते,आगे बढ़ते,पीछे जाते,
छोटे-छोटे पंख आ रहे,इन बच्चों के कोमल कोमल,
एक एक पग अब बढ़ते हैं,अपने पैरों से चलते है
खाना लाती,उन्हें खिलाती,और मुढेर पर साथ चलाती,
मस्ती,दंगा, खेल, ठिठोली, नेह कहानी बढती जाती
कलरव गूंजा, सात स्वरों से, मानों सबने गीत सुनाया।।
मेरे घर में इक चिड़ियां ने, प्यारा सा इक नीड़ बनाया,
और एक दिन नन्हें मुन्ने,उड़ने लगे नये पंखों से,
थोड़ा उड़ते फिर थक जाते,और लौट कर घर में आते,
माँ हर्षित थी,इन्हें देख कर, उसकी शिक्षा के फल आये,
स्वावलंवी सभी हो रहे,प्रेमाश्रु माँ नयन भिगाये।
सुबह सुबह सब उड़कर जाते,पार्क लॉन से होकर आते
अब तो कॉलोंनी के बाहर,आसमान में भी अति ऊपर,।
खाना,दाना, सब सीखे,ये, सूरज तक उड़ने की ठानीं,
शक्ति,साहस,धैर्य,निरन्तरता,की लिख दी अब नई कहानी,।
ममता,संयम और सततता से जारी थी माँ के द्वारा,

पल-पल,पग-पग की दृढता से बना नया संसार दुलारा।
माँ,दादी,टीचर या सर ने स्कूल, क्लास ने नहीं सिखाया
गुरू,प्रभू,या वर्कशॉप में नहीं किसी ने इन्हें बताया
फिर भी ममता,नेह समर्पण की यह देखी अनुपम गाथा।
एक-एक तिनके से जोडी,नई सृजन की यह परिभाषा ।।
और आज उड़ गये सभी ये नई डगरव आसमान में।
अपने-अपने नये ठिकाने,ढूढेंगें ये इस जहान में
दिखी एक दिन चिड़िया माँ वह,उसी तरह से हँसती, गाती,
पीर,वेदना,और शिकायत, नहीं थी किंचित उसकी थाती
नये होंसले से उड़ती है,संग साथियों के रहती है
आसमान तक नित जाती है,हँसती, गाती मुस्काती है।
फिर आ टपकी एक साल में,तिनका लेकर नीड़ बनाने,
प्रेम ,समर्पण,सेवा,ममता की, नव गाथा को दुहराने।
मेरे घर में इक चिड़ियाँ ने, प्यारा सा फिर नीड़ बनाया।

25. रखी मिठाई

सबसे ऊँचे रेक में,दादी जी ने रखी मिठाई
अद्दू का जी भी ललचाया,कैसे जायी ये खायी,
भैया दोनों मिलकर आये,ड्राइंगरूम से कुर्सी लाये।
कुर्सी पर भैया थे बैठे,उनके ऊपर बैठे छोटे,
उनके ऊपर अद्दु भाई,मिली मिठाई सबने खाई।।

26. सबकी आँखों का तारा हूँ

नन्हा मुन्ना मैं अद्वित हूँ अद्दू कहते है पापा,
दादी,दादू का भी प्यारा,राज दुलारा हूँ न्यारा,
मेरी प्यारी बुआ व फुफू,मुझे चाहते है ज्यादा
मेरी मम्मी व पापा का मैं हूँ बेटा प्रिय राजा,
मेरा भैया सबसे प्यारा,साथ-साथ हम रहते हैं,
छिया-छिपोली,घर-घर खेलें, एक दूजे पर मरते हैं,
ब्लॉक,बॉल,साईकिल,स्कूटर मिलकर साथ चलाते हैं,
नहीं बनीं यदि आपस में,तब फिर हम लड़ जाते है,
छोटी बहिना नाम आरबी,मुझको लगती प्यारी है,
फुफू, बुआ की जान है उसमें,वो परियों की रानी है,
मेरी नानी,मामी,मौसी सबका राज दुलारा हूँ,
हरयिाणा से महाराष्ट्र तक मैं तो सबका प्यारा हूँ
उठता हूँ मैं मम्मी के संग में,ब्रश करता पहिले उठकर,
प्राटीनेक्स का दूध चाहिये फुल गिलास को ही भरकर,
जूस,मौसमी पापा देते मैं निकालता संग उनके,
बालकनी में स्ट्रा लेकर बैठ के पीता मैं सबके,

भैया संग कुछ खेल खेलता, कापी पेन उठाता हूँ,
घर की दीवारों को संग में, रंगता और सजाता हूँ,
खा जाऊ चूना व लकड़ी दाँतों को यह भाता है,
चाकू, चम्मच संग खेलना, मुझको बहुत सुहाता है,
दादू फिर आते मंदिर से, हमको नित्य नहाते हैं,
मस्ती, दंगा उछल कूद सुख बाथरूम में पाते है,
पानी फेकूं मैं दादू पर, उन्हें भिगोया करता हूँ,
तेज डांटते दादू मुझको, फिर भी मस्ती करता हूँ,
टॉवल स्वामी जैसी बांधे, कपड़े माँ पहनाती है,
बाल में कंघी नहीं सुहाती, मस्ती बढती जाती है,
टुंडी में भी तेल लगाते, मालिश मेरी होती है,
अच्छा लगता तेल लगाकर, सचमुच आनंद देती है,
मम्मी कहती पूजा करलो, ऊ३ ऊ मैं करता हूँ,
हाथ जोड़कर प्रभू मंदिर में, मंत्र जाप नित करता हूँ,

भूख लगी जब थाली लेकर, माँ करती तैयारी है,
सब्जी, दाल संग रोटी खाता, सचमुच आनंद भारी है,

दही,रायता,पापड़,नमकीन,मैं तो खाता जाता हूँ
मिर्ची लगती,पानी पीता,संग मिठाई खाताा हूँ,
टी.वी. चालू मैं कर लेता,दादी मोबाइल लेता हूँ,
मुँह से बोलकर, डाउन लोड मैं, गेम सभी कर लेता हूँ,
जय गणेश,गोलू भाता है, पर भैया को न भाता है,
यू ट्यूब पर भाई के संग, फिर विवाद बढ़ जाता है,
ऑनलाइन क्लास भैया की,मैं अपनी टांग फंसाता हूँ,
मम्मी डांटे फिर भी मैं अपनी बात कहता जाता हूँ,
मेरे भी स्कूल खुल गए,माँ के संग मैं जाता हूँ,
के.जी . की पूरी पढ़ाई, टीचर संग कर पाता हूँ,
मेरी फोटो ग्रुप में आती,बुआ बधाई देती है,
रंग भरता स्केच के अंदर, मन में आनंद देती है,
लंच भी करता हूँ क्लास में,टॉफी संग में रहती है,
सभी दोस्तों संग क्लास में,पूरी मस्ती रहती है,
घर में आता, बस्ता रखता,बोतल भी रख देता हूँ,
मुझे सुलाती मम्मी संग में,उनके संग में सोता हूँ।
जब थकान मिट जाती मेरी,मम्मी मुझे जगाती है,
ठंडा दूध व मीठे फल माँ,भाई संग खिलाती है,
टी.वी. खेल,शैतानी,सब कुछ,भाई संग मिल होता है।
पापा,दादू शाम को आते,मस्ती आलम होता है
पार्क में जाते खाना खाकर,साईकिल कार चलाते हैं
बॉल,फ्रिस्की,स्लाइड,झूले, इसके संग जुड़ जाते है,
दादू कहते ,चलो चलें घर,मन न, आने को होता,
सब बच्चे गये,चलें अब हम,दादू का ये कहना होता,
दादी संग फिर करते बातें,कभी आरती होती हैं,
हाथ जोड़कर प्रभूजी स्तुति,नित्य प्रार्थना होती है,
ठंडा दूध सोने के पहले,पापा मुझे पिलाते है,
होती है सर्दी,खांसी,हल्दी वे मिलवाते है।
मम्मी कहती सोने को फिर,हम बाहर को आते है,

अरुण कुमार जैन

खेल,कूद मस्ती दंगा में,भाई संग रम जाते है,
जोर डांटते पापाजी फिर,मैं मम्मी संग आ जाता,
साथ सुलाती मुझको अपने,मुझको यह सब है भाता,
नींद में सपने खेल,कूद के,और पार्क वे आते है,
टी.बी. मोबाइल,और गेम भी संग में,इन सपनों के में भाते है,
सुबह-सुबह जब सूरज आता,चिड़िया गीत सुनाती है,
मुझे उठाती दादी मेरी,बॉलकनी में लाती है,
ठंडी हवा,फूल, हरियाली , प्यारे गीत सुनाती है,
उठकर नित आगे बढ़ने का प्यारा पाठ पढ़ाती है,
सबसे प्यारे मेरे अपने,मैं भी सबको प्यारा हूँ,
आर्जव,आर्बी,अयांश, आरना की आँखों का मैं तारा हूँ।

27. शिमला यात्रा

गर्मी में हम शिमला पहुंचे,बहुत मजा तब आया
टी शर्ट छोड़ी,स्वेटर पहिना,हीटर संग जलाया,
दौड़ पड़े हम खुली सड़क पर,बिन टोपे के यार
छींकें आयी नाक बह गयी,कहाँ फंसे हम चार!
चलो चलें हम बापिस झांसी,गर्मी ही अच्छी है,
अपना कूलर,एसी,कुल्फी,शिमला से सस्ती है।

28. वायुयान

बड़ा धरा पर, आसमान में, नन्हीं चिड़ियां लगता है
सबको लिफ्ट नहीं देता ये, वैभव वाला लगता है
पल में दिल्ली, मुंबई, चैन्नई, लंदन भी ले जाता है
आसमान पर चलने वाला, वायुयान कहलाता है।
सबको कितना प्यारा है, समय बचाने वाला है,
जल्दी - जल्दी जाता है, साथ लौट भी आता है
हम भी इसमें चढ़ जायें, नानी के घर झट जाये।।

29. पौधे भी संग...

रोज पार्क में जाता हूँ,साईकिल खूब चलाता हूँ
भाई संग में रहता है,वह भी दौड़ा करता है
और मित्र भी आते हैं,मिलकर शोर मचाते है।
करते मस्ती हम पूरी,हँसते खिलखिलाते है।
पौधे भी संग हंसते हैं,और फूल मुस्काते हैं
आओं संग मेरे आओ,हँसों,खेलो व मुस्काओं।

30. दाने सारे खाते...

देखो दादू आते हैं,साथ में दाना लाते है,
भर मुठ्ठी फैलाते हैं,चिड़ियों को बुलाते है,
पक्षी सारे आते हैं,एक साथ खा जाते हैं।
साथ कूदते,लड़ते हैं,प्यारी बातें करते है,
ज्यों ही कोई आते हैं,झट से ये उड़ जाते हैं।
फिर से मिल कर आते हैं,दाने सारे खाते हैं,
मिलकर शोर मचाते हैं,दादूजी मुस्काते है।

31. वृन्दावन भिजवा दो

नंदी जी शिव जी से बोले,मुझे ठंड लगती है
बर्फ पहाड़ों से मेरी श्वासें भी,जमती है
आप है योगी ले समाधि,यूँ बैठे रहते है।
कई कई दिन ध्यान योग में, ही डूबे रहते हैं
गैया बछड़े मुझे चाहिए,प्रभू जी दिलवा दो
या कान्हा के गांव मुझे तुम,वृन्दावन भिजवा दो।
सभी संग आंनद मनेगा,गोप गोपियाँ होंगें।
हरी घास,मुरलर,मधुवन में हम भी रास रचेंगें।

32. तृप्ति, शांति

गहरा उथला रहता है, बडा शांत ये दिखता है,
सबकी प्यास बुझाता है, फसलें खूब उगाता है
ठंडा जल दे गर्मी में, सर्दी उष्म दिलाता है,
सबको आनंद देने वाला, कुआं मित्र कहलाता है
कुएं से भी कुछ सीखें, तृप्ति शांति हम सबको दें।

33. प्यारी गैया

कान्हा जी को प्यारी है,ब्रजभूमि में न्यारी है,
मीठा दूध पिलाती है,बुद्धि तेज कराती है
अपने गोबर,मूत्र से भी,सुख समृद्धि दिलाती है
घी व मक्खन देती है,छाछ जो जीवन देती है,
घास पूस खा गैया माँ,संरक्षण नित देती है,
तभी तो माँ कहलाती है,जीवनदायनि बन जाती है।

34. मस्ती हँसी खुशी

उल्टी टोपी,उल्टा चश्मा,चप्पल सर पर यार,
मोनू,सोनू बन गए जोकर,करके फिर श्रृंगार।
फटे बाँस से फट-फट मारा,उछला कूदा ग्रुप ये सारा,
पार्क में सबने दौड़ लगायी,पल्टी मारी सैर करायी।
मस्ती,हंसी,खुशी दिन चार,प्रेम,नेह व लाड़ दुलार।।

35. झूले से तौबा

झूला झूले अद्‌दू भैया,पार्क में जाके खेल खिलैया,
और जोर से मुझे झुलाके,सबसे ऊपर तक पहुँचाओ।
खिसके पट्‌टी से फिर अद्‌दू,गिरे जमी पर जैसे कद्‌दू,
जोर-जोर से फिर चिल्लाये,आँसू बहकर गाल पर आये।
दादू ने झट उन्हें उठाया,गोद में लेकर चुप करवाया,
लँगड़ा कर घर अद्‌दू आये,झूले से तोंबा कर आये।

नाम	:	अरुण कुमार जैन ARUN KUMAR JAIN
जन्म	:	23 दिसंबर 1957, ललितपुर (उ.प्र.) में
माता–पिता	:	श्री सुशीला देवी जैन (धर्मपरायण श्राविका), स्व. बाबूलाल जी जैन (साईकिल वाले)
शिक्षा	:	डिप्लोमा सिविल अभियंत्रण, एम.ए. (हिन्दी)
प्रकाशन	:	1971–1972 से सारे देश की स्तरीय पत्र पत्रिकाओं में कविता, कहानी, परिचर्चा, व्यंग, आलेख एवं लघुकथाओं लगभग 1500 प्रकाशन
प्रसारण	:	1981 से आकाशवाणी के रोहतक (हरियाणा), छतरपुर, भोपाल (म.प्र.) व कटक (उड़ीसा) केन्द्रों से कविता, कहानियों व वार्ताओं का प्रसारण भुवनेश्वर दूरदर्शन के लिए कार्यक्रम का निर्माण व प्रसारण
कृतियाँ	:	• प्रतीक्षा (कहानी संग्रह) 1997 • खून का रंग, ममतामृत (लघुकथा संग्रह) (यंत्रन्थ) • भक्ति प्रसून (काव्य संग्रह) 2003 • राखी के धागे, स्पंदन (काव्य संग्रह) (यंत्रस्थ) • पथरीला यथार्थ (कहानी संग्रह) 2003 • संजोग (उपन्यास) 2007 (पुरस्कृत) • लोरी ठिठोली (बाल कविताएँ) 2021 • राजा बेटा (बाल उपन्यास) 2021 • नाटक, पटकथा, निदेशन व मंचन "जहर से अमृत" (2010) लगभग 20 संकलनों में प्रतिनिधित्व (कथा, लघु कथा, व्यंग, आलेख)
अनुवाद	:	कुछ कहानियों व लघुकथाओं का उड़िया व बंगला में अनुवाद व प्रकाशन हुआ
संपादन	:	नवयुग (मासिक) झाँसी 1975–1976 • दर्पण (काशीपुर) 1980 • उत्कलिका (भुवनेश्वर) 2005–06 • ऋषभ वन्दना, (उज्जैन) (2012) • सृजन संन्देश (उज्जैन) 2013 • प्रणम्य प्रेरणा (उज्जैन) 2014 • अरुणोदय (लखनऊ) 2019–2020
संप्रति	:	• भारतीय रेल से 2017 में सेवानिवृत्त वरिष्ठ अनुभाग अभियंता (निर्माण) • अमृता हास्पिटल फरीदाबाद (निर्माणरत) में गुणवत्ता निदेशक 2017 से
सम्मान	:	प्रेमचन्द साहित्य सम्मान (रेल मंत्रालय, भारत सरकार 2008) एवं देश भर की अन्य संस्थाओं द्वारा लगभग 50 अन्य सम्मान
संपर्क	:	वीनस–16, मीनाक्षी प्लानेट सिटी, बाग मुगलिया, भोपाल–462043 (म.प्र.)
स्थायी	:	14, महावीरपुरा, दिगंबर जैन बड़े मंदिर के पास ललितपुर–284403 (उ.प्र.) Mail Id-arun.k.jain2312@gmail.com

www.ingramcontent.com/pod-product-compliance
Lightning Source LLC
LaVergne TN
LVHW010618070526
838199LV00063BA/5197
9798886847086